AF235824

Słońce

będzie należeć do nas wszystkich

Manifest

Nowy Porządek Świata

Mehmet Kılıç

Z języka niemieckiego tłumaczone
przez Elżbietę Snochowską -Lydka

Chciałbym podziękować mojej drogiej koleżance Elżbiecie Snochowskiej-Lydka za jej cenne wsparcie językowe.

Słońce

będzie należeć do nas wszystkich

Manifest
Nowy Porządek Świata

Mehmet Kılıç

Z języka niemieckiego tłumaczone
przez Elżbietę Snochowską -Lydka

Mehmet Kılıç
Słońce będzie należeć do nas wszystkich
Manifest Nowy porządek świata

1. Auflage 2021

Mehmet Kılıç

E-Mail: lwn.mtp@gmx.de
Internet: www.mehmetkilic.com
Youtobe: „Słońce będzie należeć do nas wszystkich"

Herstellung und Verlag:
BoD – Books on Demand Norderstedt

ISBN: 978-3-7534-9485-2

MIX
Papier aus verantwortungsvollen Quellen
Paper from responsible sources
FSC® C105338
FSC
www.fsc.org

PRZEDMOWA

Obecnie rządzący system społeczny, z dominującą filozofią rywalizacji, wymaga od ludzi ciągłej potrzeby wygrywania i posiadania, nakłada na nich potrzebę stałej dominacji.

Panujący system wywiera presję na jednostkę, co oznacza, że ludzie nieustannie i za wszelką cenę walczą ze sobą, ponieważ każdy chce wyjść z tej rywalizacji zwycięsko.

Jednak podczas tej brutalnej walki my -ludzie, niszczymy podstawowe warunki istnienia, jedyny dom wspólnoty wszystkich istot żywych i przygotowujemy się do końca życia na naszej planecie.

Mehmet Kilic w swoim "Nowym Porządku Świata" pod hasłem "Słońce będzie należeć do nas wszystkich", postanawia wyeliminować wszelkie myśli i działania wraz ich przyczynami i skutkami, które stanowią zagrożenie dla życia na ziemi.

Autor przedstawia konkretne propozycje w celu zabezpieczenia życia na ziemi i stworzenia przyzwoitego modelu życia społecznego.

Jego propozycje na temat „Pokoju na świecie" i „Nowego Porządku Swiata" obejmują fundamentalne zmiany w treści oraz różnice metodologiczne w stosunku do idei i myśli wielu filozofów i uczonych, takich jak John Locke, Montesquieu, Émmanuel Kant, Karl Marx, Albert Einstein, Hans Küng, Otfried

Höffe, Zhao Tinyang itp.

Autor interpretuje życie na ziemi zgodnie ze swoją filozofią jedności-całości, która w swej istocie zawiera uniwersalne zasady, takie jak jedność i równoważność, na których opiera swój manifest Nowy Porządek Świata.

W swoim manifeście Mehmet Kilic wzywa ludzkość do zaprzestania wszelkich form działania, które zagrażają życiu na ziemi i ustanowienia godnego modelu społecznego dla wszystkich.

Wprowadzenie

Drodzy Czytelnicy,
Słońce będzie należeć do nas wszystkich!
Cieszę się ze spotkania z Państwem , na temat mojego
manifestu pt. „Nowy porządek świata".

Zycie na naszej planecie jest jedyne w swoim rodzaju i Jeżeli Wy
również troszczycie się o życie na naszej ziemi i szukacie z tego
wyjścia, to mój manifest może być dla Was interesujący .
niepowtarzalne. Wszystkie rośliny, zwierzęta i wszyscy ludzie są
wartościowi, godni życia i jego ochrony. Szczególnie na ochronę
zasługuje matka natura , powietrze, woda i ziemia.

Jednakże wzbudza w nas niepokój to , jak my z tym wszystkim
się obchodzimy.

Obcięliśmy już sporo zielonej gałęzi na której siedzimy. Jeżeli
spadniemy , to nie tylko spadnie siedem miliardów ludzi , ale
spadniemy wszyscy ,wraz z naszymi kotami i różami
(zwierzętami i roślinami).

Jeśli nadal będziemy się zwalczać w ten sposób, podcinając
sobie gałąź na której siedzimy, doświadczymy naszego
ostatniego tchnienia z nieznanym do tej pory przerażającym
krzykiem jako ostatnie ofiary bezsensowności i szaleństwa, i nie
przejdziemy już ani razu do historii.

Jako założyciel i przewodniczący stowarzyszenia „Ręka w rękę"
e.V w Bad Kreuznach , od lat pracuję na rzecz godnego życia na
świecie. Jako podsumowanie moich filozoficznych i politycznych
refleksji na temat pokoju na świecie, chciałbym przedstawić
opinii publicznej mój „Nowy porządek świata" w formie
manifestu.

Jeżeli Wy również troszczycie się o życie na naszej ziemi i
szukacie z tego wyjścia, to mój manifest może być dla Was
interesujący .

CZESC I

MOJ PROBLEM

Jestem bardzo zaniepokojony przyszłością naszej planety.

Uzasadnienie

Pokój i bezpieczeństwo, zarówno dla jednostek jak i całych społeczeństw, zanikają na świecie. Warunki istnienia wszystkich żyjących istot są niszczone.

GENEZA

- Istniejący porządek świata zmusza człowieka i społeczeństwo do współzawodnictwa , do zwycięstwa , do stawania się coraz bogatszym , silniejszym i do nieustannego pokonywania czegoś w celu dominacji .
- To pragnienie jest podsycane w taki sposób , iż konsekwencje tego są coraz gorsze, niekończące się wojny, wyzysk, ubóstwo i inne bolesne następstwa. To jest OBŁED!
- Jednocześnie system ten powoduje zniszczenie wspólnego domu żyjących istot, a także ich warunków egzystencji , które on zapewnia. W ten sposób system przygotowuje się na „GORZKI KONIEC" życia na tej ziemi!

Dodatkowo stwierdzam, że:

1. Panujący system społeczny stoi w sprzeczności ze zdrowym rozsądkiem.
2. Nie można oczekiwać , że sposób myślenia , który przekształca ludzką energię w pieniądz , zysk i władzę poprzez pracę i wysiłek, zapewni szczęście ludzkości .
3. Nie można też oczekiwać, że ta sama mentalność zapobiegnie nadużywaniu wspólnego domu ludzkości , położy kres niszczeniu warunków życia i doprowadzi do trwałej ochrony życia na naszej planecie.
4. Ludzkość jest nieszczęśliwa! Niebezpieczeństwo jest przerażające! Ten obłęd staje się coraz bardziej szalony z każdym dniem . GORZKI KONIEC zbliża się szybko! Nie ma czasu do stracenia !
5. Ani osoba, ani naród , ani państwo nie ponoszą wyłącznej odpowiedzialności za tę sytuację.Rządzący porządek prawny świata ponosi za to odpowiedzialność.
6. Nikt nie powinien zamykać oczu ani na to szaleństwo, ani na gwałtownie zbliżający się GORZKI KONIEC.
7. Jedyna siła , która może powstrzymać szaleństwo i zapobiec GORZKIEMU KONCOWI jest sama ludzkość.

WNIOSEK

Istniejący porządek świata nie może być już kontynuowany w ten sposób. Stało się to problemem dla ludzkości, który musi zostać rozwiązany w trybie pilnym.

PROPOZYCJA ROZWIAZANIA

Aby rozwiązać ten problem, proponuję ustanowienie nowego porządku światowego.

NOWY PORZADEK ŚWIATA

Celem nowego porządku światowego będzie zapewnienie szczęścia ludzkości na Ziemi w dłuższej perspektywie.

CZĘŚĆ II

Pytanie 1:
JAKI BĘDZIE NOWY PORZĄDEK ŚWIATA?

Nowy porządek świata jest wspierany przez trzy podstawowe filary, które żywią się, wzmacniają i zabezpieczają nawzajem:

Filar I: Filozofia jedności -całości
Filar II: System kształcenia i szkolenia
Filar III: Światowe podstawowe zasady życia

Teraz przejdę do poszczególnych filarów:

FILOZOFIA JEDNOŚCI-CAŁOSCI

Aby zilustrować filozofię jedności-całości, chciałbym zaprosić Was w myślach w krótką podróż! Proszę zamknąć oczy i wyobrazić sobie:

UNIVERSUM i JEDNOŚĆ-CAŁOŚCI

- Nieskończony wszechświat, wraz z niezliczonymi gwiazdami, grupami gwiazd i galaktyk, które tworzą własne jednostki i całość, tworzy całość jedności.
- Droga Mleczna, jako nieodzowna część wszechświata, tworzy całość jedności.
- Układ Słoneczny tworzy całość jedności jako nierozerwalną, nierozłączną część Drogi Mlecznej.
- Ziemia jako nieodłączna część Układu Słonecznego jest całością jedności.
- Świat żywych istot jako nierozerwalnej części ziemi jest całością jedności.
- Ludzkość jako nieodłączna część świata żywych istot jest całością jedności.

INDYWIDUALNOŚĆ I JEDNOŚĆ-CAŁOŚCI

Jednostka, którą nazywamy "człowiekiem", uosabia z całą swoją istotą jedność-całość i jest nieodzowną częścią ludzkości. Ludzkość jako nieodłączna część świata żywych istot jest całością jedności.

- Ciało ludzkie składa się z narządów składających się z części i niezliczonych komórek.
- Każdy organ, część i komórka tworzą własną całość jedności.
- Każdy narząd ma inną strukturę, formę, zadanie i funkcję odmienną od pozostałych i może funkcjonować niezależnie od innych.
- Jeśli brakuje jednego z narządów lub staje się on niesprawny, jednostka fizyczna staje się niekompletna, a całość jest zakłócona.
- Jeśli jeden z narządów jest oddzielony od całej fizycznej całości, prowadzi to do końca jego życia, podobnie jak komórka umiera, gdy jest oddzielona od narządu.
- Człowiek może funkcjonować tylko jako jednostka i żyć swoim życiem, wypełniając swoje zadania w harmonijnej interakcji.

Przykład dla lepszego zrozumienia:

Piotr siedzi w kuchni. Nagle czuje zapach w nosie. Zauważa, że ten zapach jest zapachem ognia. Odwraca głowę w stronę pieca. Co widzi? Kawałek gazety pali się na piecu. Piotr podskakuje, biegnie do pieca i gasi płomienie.

- Narządem, który odczuwa zapach, jest nos Piotra.
- Organ, który widzi płomienie, nie jest żołądkiem Piotra, lecz to jego oczy.
- Organy, które prowadzą go do pieca, nie są jego rękami, ale nogami.
  Co by było gdyby ,
- nos Piotra nie mógł w ogóle wąchać ?
- Gdyby oczy Piotra nie widziały ognia?

14

- Gdyby ręce Piotra nie były w stanie ugasić pożaru?

Wniosek:

Ciało tworzy całość jedności ze wszystkimi swoimi organami i spełnia swoją funkcję przez wszystkie organy działające razem i harmonijnie.

Jak myślicie, co możemy z tego przenieść na życie społeczne?

SPOŁECZEŃSTWO I JEDNOŚĆ-CAŁOŚCI

Życie społeczne zaczyna się, gdy co najmniej dwie osoby spotykają się w sytuacji, która łączy ich w tej chwili.
Dla przykładu zakładamy, że młoda kobieta i młody mężczyzna są atrakcyjni. Podejmują decyzję, aby żyć razem.
- Na początku decyzji wiadomo, kto wciela się w jaką rolę , w jakiej dziedzinie życia.
- W innych dziedzinach życia okazuje się z czasem, kto i co przejmuje jako priorytet.
- W obszarach, w których kobieta jest bardziej kompetentna, mężczyzna zajmuje stanowisko kibica.
- W obszarach, w których mężczyzna jest silniejszy, kobieta będzie działać jako druga osoba.

Wniosek:

Ta młoda para mogłaby stworzyć najmniejszą jedność społeczną w całości. Oboje mogliby budować i prowadzić życie współistnieniejąc w harmonijny sposób.

Inny przykład:

Rodzina chce zbudować dla siebie dom . Czy ta rodzina może zbudować ten dom od fundamentu po dach, bez pomocy z zewnątrz?

Przy budowie domu będzie musiała uczestniczyć duża liczba osób z różnych grup zawodowych w tym architekci, murarze, dekarze, itp.

Ludzie z tych grup spotykają się i tworzą jedność całości. Członkowie tej jedności pracują razem i budują dom

Możemy przenieść działania zespołu budowlanego do wszystkich sektorów życia społecznego.

CZŁOWIECZEŃSTWO I JEDNOŚĆ -CAŁOŚCI

- Jednostka składa się z narządów i tworzy całość jedności.
- Organy społeczne składają się z pojedynczych jednostek i każda z nich tworzy całość jedności.
- Społeczeństwa składają się z organów społecznych i tworzą całość jedności.
- Ludzkość składa się ze społeczeństw i tworzy pełną całość jedności.

Ludzkość tworzy zatem tak samo jedność jak wszechświat tworzy całość z niezliczonych gwiazd, grup gwiezdnych i galaktyk.

Ludzkość reprezentuje tak samo jedność jak człowiek

indywidualny, na przykładzie Piotra, który składa się z narządów, a które z kolei składają się z części i niezliczonych komórek.

Ludzkość jest tak samo zjednoczona jak organ społeczny, na przykład budownictwo, które składa się z osób o różnych zdolnościach i kompetencjach, takich jak architekci, murarze, dekarze itp.

Podsumowując:

WNIOSKI DLA JEDNOSTKI

- Każda jednostka, każdy człowiek, który w pełni zrozumiał filozofię jedności-całości, odkrywa sposób, który prowadzi go do siebie samego.

- W drodze do wewnętrznego ja:
  1. odkrycie i poznanie nieopisanego piękna i bogactwa jego wewnętrznego świata,
  2. intensywne odczuwanie jak jest się ważnym i cennym .

  Zacznijmy od :
- nieporównywania się już z innymi ludźmi i dbanie o siebie takim jakim się jest
- szanowanie siebie coraz bardziej i kochanie coraz mocniej,
- promieniowanie pięknem świata wewnętrznego i jego rosnącą radością życia dla świata zewnętrznego,
- spostrzeganie wszystkich istot ludzkich w taki

sposób,aby traktować je tak, jakby każdy z nich był własnym "ja",

- aby oddać szacunek dla Matki Natury w celu zbudowania prawdziwego, zdrowego i stabilnego fundamentu.

Tak więc każdy, kto uduchowił filozofię jedności-całości, znajdzie prawdziwe JA, czyli SIEBIE i zrozumie sens życia uniwersalnego.

WNIOSKI DLA SPOŁECZENSTWA

Wraz z uduchowieniem filozofii jedności-całości rozpocznie się proces zmian w osobowości jednostki! Proces zmian, który wkrótce będzie odczuwalny w życiu społecznym całej ludzkości.

W wyniku tego :

- Ludzie nie będą już mierzyć swoich wartości na podstawie różnych zdolności i kompetencji lub statusu w społeczeństwie.
- Nie zobaczą nikogo cenniejszego lub bardziej wartościowego niż siebie samych.
- Zobaczą swoją pracę nie mniej lub nawet bardziej wartą niż pracę innych.
- Ludzie zrozumieją, że wszystkie grupy, wspólnoty, społeczeństwa i ludzkość w ogóle są jednością w całości.

WNIOSKI DLA LUDZKOŚCI

- Możemy przenieść działanie jednostki przykładowego Piotra na działania organu społecznego branży budowlanej.
- Możemy przenieść działanie organu społecznego, na przykład sektora budowlanego, na całe społeczeństwo, na przykład do Niemiec.
- Możemy przenieść działanie społeczeństwa, na przykład w Niemczech, na całe społeczeństwo ludzkie lub na "ciało ludzkości".

Najważniejsze zasady i wartości jedności:

1. Wspólność

Należymy do siebie; tak jak organy ludzkiego ciała, jak personel medyczny do szpitala, jak załoga samolotu, pracownicy fabryki...

2. Równość

Wszyscy jesteśmy równi;
Bezdyskusyjność równości wszystkich istot ludzkich
Bezdyskusyjność równości pozycji i pracy.

Wykonując zatem syntezę pojęć "przynależności" i "równości" stwierdzam:

Wszyscy jesteśmy dla wszystkich!

Z uwagi na to, iż wszystkie indywidualności, które tworzą organy społeczne, społeczeństwo i cała ludzkość, będą dokładnie wprowadzać filozofię jedności -całości, będą kształtować i prowadzić swoje życie zgodnie z duchem tej filozofii: wszyscy jesteśmy dla wszystkich!

Z tego powodu będą one:

- wspólny umysł,
- sumienie
- oraz wspólną świadomość

w pełni wykorzystywać we wszystkich dziedzinach swojego życia osobistego i społecznego, aby zabezpieczyć życie na naszej planecie, własne szczęście i szczęście ludzkości.

CZĘŚĆ III

Filar II
SYSTEM EDUKACJI I KSZTAŁCENIA

Celem jest edukowanie i kształcenie nowych pokoleń jednostek , które swoje życie osobiste i społeczne chcą tworzyć i prowadzić zgodnie z filozofią jedności-całości.
Aby osiągnąć ten cel, należy rozpocząć od fundamentu Nowego Porządku Świata czyli długotrwałej aktywności zwanej "rozwijaniem się od kołyski do grobu".

Teraz postaram się przedstawić istotę "rozwoju od kołyski do grobu".

OPRACOWANIE WARUNKÓW RAMOWYCH

Cały świat ma zapewnione warunki ramowe, które wyznaczają prawidłowość zmian, nowemu systemowi edukacji i kształcenia lub nowemu porządkowi świata.
Ponadto na całym świecie powstają "ośrodki edukacyjne i kształcące" mające na celu:

- zademonstrowanie naturalnego stylu życia i sposób jego prowadzenia
- rozsądne wykorzystanie zasobów naturalnych ziemi,
- wyeliminowanie przyczyn masowych ucieczek ludzi i ich przewożenia .

SZKOLENIE NAUCZYCIELI

Kandydaci na nauczycieli muszą posiadać odpowiednie umiejętności w tym zawodzie ,a także wolę i chęć wykonywania tego zawodu .

W szkoleniu winny być rozwijane najsilniejsze zdolności kandydatów w taki sposób, aby wyposażyło ich to we wszechstronne i stabilne umiejętności.

Kandydaci otrzymają odpowiednie kształcenie pedagogiczne adekwatne do odpowiednich przedmiotów nauczania i grup wiekowych.

ZAWARTOść

1. NAUCZANIE FILOZOFII JEDNOŚCI - CAŁOŚCI

Każde dziecko otrzymuje już od kołyski , jakby mleko od swojej matki, najlepsze podstawowe wartości nowej filozofii życia. Filozofia jedności -całości jest przekazywna dzieciom w szkole podobnie jak nauka życia .

2. PROMOCJA OSOBISTYCH ZDOLNOSCI

Naturalne zdolności każdego dziecka powinny zostać możliwie jak najszybciej zbadane, odkrywane i wyposażone w najlepsze umiejętności .

Dziecko zostaje uprawnione do stosowania wszystkich swoich umiejętności w życiu prywatnym i społecznym.

3. TWORZENIE SIE OSOBOWOŚCI

- Dziecko jest otoczone opieką, troską i wrażliwością,
- Dziecko uczy się poznawać siebie, swój wewnętrzny świat oraz kochać i doceniać siebie,
- Dziecko uczy się szanować innych ludzi ,doceniać i chronić ich tak jak siebie samego ,
- Dziecko powinno nauczyć się przenosić swoje osobiste "wartości" na poziom społeczny.

4. PRZYGOTOWANIE DO ŻYCIA PRYWATNEGO I SPOŁECZNEGO

- Zgodnie z filozofią jedności -całości, młodzi ludzie są specjalnie przygotowywani zarówno do życia prywatnego jak i społecznego.
- Będą kształceni i wychowywani do zdrowych osobowości o dobrze ukształtowanych zdolnościach.
- Nie będą wyszkoleni jako specjaliści w istniejących zawodach, ale jako stabilne osobowości z dużym poczuciem odpowiedzialności.
- Są upoważnieni do skutecznego i radosnego prowadzenia własnego życia, a także do konstruktywnego, twórczego i aktywnego uczestnictwa w życiu społecznym.

-

FILAR III

PODSTAWOWE ZASADY ZYCIA NA SWIECIE

Podstawowe zasady życia na świecie należy rozumieć jako konstytucję państwa świata. Z uwai na to, iż muszą one zostać opracowane przez parlament założycielski i przyjęte przez Swiatowy Parlament Ludowy , nie będę na razie przekazywał żadnych szczegółów dotyczących ich treści.

CZĘŚĆ IV

Pytanie 2:
JAK BUDUJE SIE NOWY PORZADEK SWIATA?

PANSTWO SWIATA

Aby móc stworzyć Panstwo Swiata , co z pewnością nie jest łatwe i szybkie , potrzebuje ludzkość mocnej , stabilnej i niezawodnej organizacji. To będzie Panstwo Swiata.

Pytanie 3:
JAK PANSTWO SWIATA BEDZIE WYGLADAŁO?

A) FILOZOFIA ORGANIZACYJNA PAŃSTWA ŚWIATOWEGO

W organizacji państwa światowego praktykuje się, że ludzkość, podobnie jak zdrowe ludzkie ciało, nie żyje przeciwko własnym narządom i komórkom, ale dla wszystkich; w ten sposób synteza wartości i zasad filozofii jedność-całość jest przykładem: wszyscy są dla wszystkich!

DEMOKRACJA I JEJ FUNKCJONOWANIE

Demokracja jest przeprojektowywana lub optymalizowana.

Pomysły, myśli i działania, które nie znajdą miejsca w nowym rozumieniu demokracji.

- niszczenie Matki Natury,
- komplikacja i zagrożenie życiu ludzkiemu,
- naruszenie godności ludzkiej.

Wszystkie pomysły, myśli, zachowania i działania,
- które są zgodne z Matką Naturą, z istnieniem wszystkich żywych istot, w szczególności ze zdrowiem i godnością człowieka,
- przez zdrowy rozsądek i sumienie i potwierdzone przez wspólne poczucie odpowiedzialności

zalicza się do nieograniczonych naturalnych swobód demokratycznych.

PODZIAŁ ODPOWIEDZIALNOŚCI

Zasada podziału władzy traci swoje miejsce w zasadzie "podziału odpowiedzialności".

Powody:

1. Ze względu na stabilne poczucie odpowiedzialności każdej osoby, wpływ, krytyka lub ewentualna kontrola zewnętrzna będą zbędne.

2. Każdy będzie wykonywał swoje zadanie w służbie wspólnotowej z taką samą odpowiedzialnością, jak będzie wykonywał w swoim życiu osobistym i społecznym.

WYBORY

Wszystkie dziedziny życia w obszarach wyborczych są na nowo
zdefiniowane i potwierdzone.
"Obszary życia" to sektory, w których ludzie zarabiają głównie
na życie, np. rolnictwo, przemysł, oświata itp.

MOŻLIWOŚĆ WYBORU I PRZEJRZYSTOŚĆ

Każdy spełnia warunek wyboru, jeśli może wykazać się
zdolnością do reprezentowania sfery życia w parlamencie.
Kandydaci są wybierani przez elektorat bezpośrednio do komisji
w celu reprezentowania danej dziedziny życia w owym
parlamencie.
W ten sposób staje się coraz bardziej jasne, kto, w jakim celu i
przez kogo został wybrany do którego zadania.

ELASTYCZNA MOŻLIWOŚĆ ODNOWIENIA

Zasada "elastycznej odnawialności" wybranych, zmieniając się
w dowolnym momencie z własnej inicjatywy, zapewnia, że
funkcjonalność i wydajność państwa światowego zawsze mogą
być utrzymywane na optymalnym poziomie.

PARTIE POLITYCZNE

Partie polityczne tracą środki do życia z dwóch ważnych
powodów:

1. W kształtowaniu życia społecznego, staje się kwestią oczywistą, aby korzystać ze wspólnego umysłu, wspólnego sumienia i wspólnej świadomości wspólnych celów.

2. Kandydaci wybierani są nie ze względu na ich przynależność do partii lub organizacji, ale ze względu na ich kompetencje.

B) STRUKTURA ORGANIZACYJNA PAŃSTWA ŚWIATOWEGO

ORGANIZACJA OBYWATELSKA
Ludzie dla ludzi

Organizacja "Ludzie dla ludzi" będzie pochodzić od ludzi, z ludźmi i dla ludzi, i będzie służyć wszystkim ludziom bezpłatnie. W Centrach Informacji Ludowej obywatele otrzymają szybkie, wiarygodne i zrozumiałe odpowiedzi na proste pytania, takie jak "Co" lub "Gdzie".
W Poradniach Ludowych obywatele otrzymują wsparcie dla swojego projektu, np. "Jak zbudować dom", uzyskać szczegółowe i wiarygodne informacje od specjalistów.

W Ośrodkach Opieki Ludowej wyspecjalizowany personel będzie towarzyszył obywatelom w rozwiązywaniu ich problemów. Na przykład, jeśli ktoś chce zbudować dom, otrzyma porady od planowania, poprzez kosztorysy do projektowania ogrodu.

W tych centrach usług, oprócz specjalistycznego personelu,będą także oferować swoje usługi filozofowie, doradcy i mediatorzy .

Filozofowie będą towarzyszyć pracownikom we wszystkich centrach usług i jednostkach administracyjnych, tak aby usługa była wypełniana zgodnie z filozofią jedności i całości.

Doradcy zapewnią, że usługa będzie zgodna z "zasadami" parlamentów w Poradniach Ludowych i Ośrodkach Opieki Społecznej.

Mediatorzy będą pracować tylko w ośrodkach opieki nad ludźmi i doprowadzą do porozumienia we wspólnych kwestiach różnych stron.

ORGANIZACJA PAŃSTWOWA

Struktury organizacyjne państwa światowego będą wyglądać następująco:

1. Lokalne jednostki administracyjne
(podobnie jak dzisiejsze urzędy gminy i miast)
2. Regionalne jednostki administracyjne; (jak państwa federalne w Niemczech lub scentralizowane kraje, takie jak Francja)
3. Kontynentalne jednostki administracyjne
4. Światowy Parlament Ludowy

Jednostki administracyjne zajmą się kwestiami, które leżą w ich kompetencjach i obowiązkach.

CZĘŚĆ V

Pytanie 4:
JAKIE BĘDZIE PAŃSTWO ŚWIATOWE?

A) ŚRODKI NATYCHMIASTWOE

W pierwszej kolejności państwo światowe wdroży środki nadzwyczajne.

1 natychmiastowe działanie :

ZATRZYMAC SZALEŃSTWO!
Zapobiec gorzkiemu końcowi !

Należą do nich:
- Powstrzymanie niszczenia przyrody
- Likwidacja wszystkich obiektów wojskowych, zniszczenie wszystkich rodzajów broni i zakończenie wszelkich wojen
- Zaspokojenie wszystkich głodnych,
- Zapewnienie domu wszystkim bezdomnym,
- Powstrzymanie handlu ludźmi i niewolnictwa seksualnego,
- ...

2 natychmiastowe działanie :

ROZBUDOWA INFRASTRUKTURY

Wszystkie infrastruktury wszystkich obszarów życia na całym świecie są przeprojektowane zgodnie z wartościami i zasadami filozofii jedności-całości.

3 natychmiastowe działanie :

ZAPEWNIENIE ŻYCIA NA ZIEMI

Aby zapewnić sobie życie na ziemi, państwo światowe wraz ze swoimi obywatelami

1. musi zakończyć niszczenie Matki Natury,

2. musi wyeliminować przyczyny ubóstwa i jego konsekwencji za pomocą "minimalnego poziomu życia".

B) NOWY PORZĄDEK ŚWIATA

W drugim etapie, kraj zacznie budować nowy porządek świata wraz ze swoimi obywatelami.

Wszystkie obszary życia na całym świecie będą ponownie opisane i przeprojektowane w świetle trzech reflektorów:

- filozofii jedności-całości,
- nowego systemu kształcenia i szkolenia oraz

- podstawowych zasad życia na świecie.

Okres przejściowy między starymi i nowymi systemami charakteryzuje się w szczególności:

1. uwrażliwieniem, empatią i współodczuwaniem w odniesieniu do odrębności , inności i istniejących wartości z jednej strony,a

2. z drugiej strony determinacja i pewność w tworzeniu nowego porządku światowego.

PRZEPROJEKTOWANIE INNYCH OBSZARÓW ŻYCIA

Kilka przykładów:

PRZEPROJEKTOWANIE SYSTEMU PRAWNEGO

System prawny zostanie przeprojektowany z następujących powodów:

1. Niezgodność przepisów krajowych z uniwersalnym umysłem i niepraktyczność tych przepisów okazała się rzeczywista,
2. Nikt, ani jednostka, ani społeczeństwo, ani państwo nie będą uprzywilejowane,
3. Nowy system nie będzie tworzył winnych ani sprawców,

4. Przyczyny wykroczeń znikną samoistnie,
5. Prawdopodobieństwo niesprawiedliwego traktowania i konieczność obrony znikną same w sobie,
6. Nowy światopogląd usankcjonuje prawo powszechne na wieczność jako osiągnięcie ludzkości.

ZASADY ZAMIAST PRZEPISÓW

Wspólne życie w nowym świecie rządzi się zasadami, a nie prawami!

Parlamenty nie uchwalą ustaw, które z kolei będą stosować przepisy karne w przypadku nieprzestrzegania przepisów. Opracują "podstawowe zasady", które wynikają z naturalnych ludzkich potrzeb i są szanowane przez jednostki, społeczeństwo i państwo.

"Podstawowe zasady" z kluczową funkcją będą:
- jak najmniejsze pod względem liczby,
- zawsze sformułowane w prostych zdaniach głównych z tematem "Ja" i
- zarówno w języku światowym, jak i w językach ojczystych wszystkich obywateli.

Jeśli chodzi o przestrzeganie zasad planowanej działalności, np. budowę domu, można powołać się na zasadę „Ludzie dla ludzi" .

BRAK KOMPROMISU

W przypadku braku kompromisu interweniują doradcy i mediatorzy pracujący w ośrodkach opieki społecznej.

UCHYLENIE INSTYTUCJI WOJSKOWEJ

Przyczyny istnienia wojska znikną same, ponieważ istniejące potrzeby operacyjne w ich zakresie przestaną istnieć; są to np.:

- podbój ziem, źródeł i wartości, które należą do innych,
- obrona jednego kraju, narodu przed atakami innych itp.

UCHYLENIE ORGANIZACJI POLICJI

Potrzeba istnienia policji już nie będzie miała racji bytu, ponieważ zniesienie wymiaru sprawiedliwości i stworzenie "Ludzi dla ludzi" sprawi, że wsparcie policji, ochrona i monitorowanie zadań będą zbędne.

UCHYLENIE AGENCJI WYWIADOWCZYCH

Ponieważ przyczyny, które doprowadzają jednostki i społeczeństwa do "szaleństwa", nie będą już istnieć, gromadzenie tajnych informacji o innych okaże się bezcelowe.

W rezultacie agencje wywiadowcze również zostaną zniesione.

UCHYLENIE GRANIC NARODOWYCH

Na podstawie uznania, że
- sztuczny podział Matki Natury jest bezcelowyi
- wszystkie żywe istoty należą do ziemi , a nie odwrotnie,

-granice zostaną zniesione.

CZĘŚĆ VI

Pytanie 5:
W JAKI SPOSÓB POWSTANIE PAŃSTWO ŚWIATOWE

- Gdy tylko ludzie zdadzą sobie sprawę, że rządzący system społeczny nie może być już kontynuowany i że konieczne jest pilne działanie, stworzą grupy inicjatywne na całym świecie.
  W tych grupach inicjatywnych ludzie całkowicie uwewnętrznią filozofię jedności -całości.

- Przyjmą mój manifest "Nowy Porządek Świata", poinformują się wzajemnie i rozpoczną o tym dyskusję .

- Grupy inicjatywne organizują się na całym świecie i nawiązują ze sobą sieć.

- Rozpoczną globalną kampanię uświadamiającą

  ➢ -dotyczącą szaleństwa i wymiarów niebezpieczeństwa, które stały się nie do zniesienia
  ➢ - oraz rozpoczną kampanię informatywną manifestu "Nowy Porządek Świata".

- Gdy tylko kampania informacyjna osiągnie swój cel, grupy inicjatywne wezwą społeczność światową do utworzenia parlamentu państwa światowego.

PARLAMENT ZAŁOŻYCIELSKI

- Na podstawie apelu grup inicjatywnych będą w państwach narodowych odbywały się reprezentatywne wybory do parlamentu założycielskiego.

- Parlament założycieli

  ➤ podejmie swoją służbę w odpowiednim miejscu na świecie,

  ➤ rozwinie światowe podstawowe zasady życia,
  ➤ poprowadzi globalną kampanię uświadamiającą ,skupiającą się na podstawowych zasadach życia
  ➤ następnie przeprowadzi ankietę obywatelską na ten temat.

- Parlament założycielski zachęca państwa świata do ustanowienia Światowego Parlamentu Przedstawicielstwa Ludowego, gdy tylko stwierdzi, że zarówno kampania wyjaśniająca jak i sondaż obywatelski osiągnęły swój cel.

PARLAMENT PRZEDSTAWICIELSTWA SWIATA LUDOWEGO

- Na zaproszenie parlamentu założycieli ,mieszkańcy swoich krajów wybierają swoich przedstawicieli do Światowego Parlamentu Ludowego.

- Światowy Parlament Ludowy
  - ➤ uruchamia swoje usługi,
  - ➤ przyjmuje podstawowe światowe zasady życia i
  - ➤ wybiera prezydentów państwa światowego.

- W konsekwencji, ludność świata świętuje powstanie państwa światowego.

Drodzy Czytelnicy,

Moje obawy dotyczące wyjątkowego i wyjątkowego życia na naszej planecie i mojej propozycji rozwiązania problemu ludzkości, przedstawiłem Wam w skrócie.

Mam nadzieję, że zdaliście sobie sprawę z pilności działania i wykonalności mojego manifestu oraz że pragnienie mojego serca zostanie spełnione.

Sytuacja jest poważna!
Nie mamy czasu do stracenia!
Stoimy na rozdrożu.

Nadszedł czas, aby podjąć historyczną decyzję!

Zacznijmy!
Zjednoczmy się!
Zakończmy to szaleństwo, zatrzymajmy wielkie niebezpieczeństwo, zapobiegnijmy gorzkiemu końcowi!

W pierwszym rzędzie poszukiwani są ci, którzy się sami kochają, ci, którzy kochają różę, goździki, tulipany; ci którzy kochają koty, psy i gołębie!

Przede wszystkim ci, którzy szanują i cenią Matkę Naturę, człowieka i człowieczeństwo!

I ja sam ,widzę siebie w obowiązku wykorzystania wszystkich moich umiejętności i sił na tej pilnej drodze!

Życzę nam wszystkim sukcesu!
Dziękuję z całego serca!
Słońce będzie należeć do nas wszystkich!
Do zobaczenia!